AF331711

LA REINE

MARGUERITE DE FRANCE

ET

La Belle Chasteauneuf

D'APRÈS

LES EXTRAITS INÉDITS D'AUDIGIER
ET LES MÉMOIRES DU DUC DE BOUILLON, D'AUBIGNÉ,
DE L'ESTOILE, DE BRANTOME
ET DU MARÉCHAL DE TAVANNES

(Extrait de l'ouvrage *Duché d'Auvergne*)

PAR

C. Charles CASATI DE CASATIS

Conseiller honoraire à la Cour de Paris

Chevalier de la Légion d'Honneur et de l'ordre du Mérite Agricole
Officier d'Académie
Commandeur de l'ordre de la Couronne d'Italie, de l'ordre de Wasa de Suède
Officier de l'ordre royal du Sauveur de Grèce, etc.

PARIS

<table>
<tr><td>ERNEST LEROUX</td><td>ALPHONSE PICARD & FILS</td></tr>
<tr><td>28, RUE BONAPARTE, 28</td><td>82, RUE BONAPARTE, 82</td></tr>
</table>

1900

LA REINE

MARGUERITE DE FRANCE

ET

La Belle Chasteauneuf

DU MÊME AUTEUR

Villes et chateaux de la Vieille France, Duché d'Auvergne, belles
planches en couleurs, d'après les manuscrits du hérault d'armes
Revel et du chanoine Audigier. Un beau volume in-8° tiré à 3oo exem-
plaires chez Picard et fils, Paris.

Éléments du Droit étrusque, un vol. in-8. Marchal et Billard, place
Dauphine, Paris.

Jus Antiquum, *Vegoia, droit papirien, Leges regiæ*, etc., extraits de
Caton, Festus, Varron, Servius, un vol. in-8. Marchal et Billard,
Paris.

Fortis Etruria, *la Civilisation étrusque*, 2ᵉ édition, un vol. in-8.
Librairie A. Picard et fils, Paris.

Code Pénal, commenté par la jurisprudence et lois accessoires, un
vol. in-8. Marchal et Billard, Paris.

Petits Musées de Hollande, *Exposition rétrospective de Bruxelles*,
un vol. in-8. Librairie A. Picard et fils.

Musée de Rosenborg et Grüne Gewölbe, un vol. in-8. Librairie
A. Picard et fils, Paris.

Lettres royaux et missives inédites de Louis XI, Louis XII, François Iᵉʳ, Charles-Quint, Marie Stuart, Catherine de Médicis,
Henri IV, 2ᵉ édition, un vol. in-8. Librairie A. Picard et fils, Paris.

La Monarchie Scandinave, un vol. in-8. Dentu, Paris.

Rome et Florence, un vol. in-8. Dentu, Paris.

Numismatique Étrusque, un vol. in-8. Rollin et Feuardent, Paris.

LA REINE

MARGUERITE DE FRANCE

ET

La Belle Chasteauneuf

D'APRÈS

LES EXTRAITS INÉDITS D'AUDIGIER
ET LES MÉMOIRES DU DUC DE BOUILLON, D'AUBIGNÉ,
DE L'ESTOILE, DE BRANTOME
ET DU MARÉCHAL DE TAVANNES

(Extrait de l'ouvrage *Duché d'Auvergne*)

PAR

C. Charles CASATI DE CASATIS

Conseiller honoraire à la Cour de Paris

Chevalier de la Légion d'Honneur et de l'ord. : du Mérite Agricole
Officier d'Académie
Commandeur de l'ordre de la Couronne d'Italie, de l'ordre de Wasa de Suède
Officier de l'ordre royal du Sauveur de Grèce, etc.

PARIS

ERNEST LEROUX | ALPHONSE PICARD&FILS
28, RUE BONAPARTE, 28 | 82, RUE BONAPARTE, 82

1900

L'Auvergne fut terriblement ravagée par les guerres de religion. A cette époque, vers la fin du XVIᵉ siècle trois femmes jouèrent un rôle important en Auvergne. La moins célèbre des trois est cette illustre guerrière aussi remarquable par son courage que par sa beauté, Magdelène de Saint-Nectaire, veuve de Guy de Miramont, qui tua de sa main dans un combat le chef de la petite armée ennemie, le lieutenant du roy Gilles de Montal. A propos de cet exploit, Henri IV s'écria, dit-on :

« Si je n'étais roi, ventre saint gris! je voudrais être Magdelène de Saint-Nectaire. »

Les deux autres se rattachent directement à Henri IV, la première est sa femme, la reine Marguerite de France, la dernière est sa maîtresse Henriette de Balzac d'Entraigues.

La reine Marguerite résida longtemps dans le pittoresque château d'Usson, dont Revel nous a conservé le dessin. Voici comment Audigier raconte son arrivée à Usson, d'après Scaliger : « Ce château servit de retraite à la Reyne Marguerite pendant sa froideur avec le Roy, elle y passa une partie de ses beaux jours depuis 1581 jusqu'en 1599 qu'elle eût liberté de revenir à Paris. Elle estoit à Agen devant la ligue, elle fut contrainte de s'enfuir avec 80 gentilshommes et 400 soldats; elle se mit en croupe derrière un gentilhomme, sans coussin; elle s'écorcha toute la cuisse, dont elle fut un mois malade et en eut la fièvre. Le médecin qui la pansa est maintenant avec le Roy; elle lui fit donner les estrivières. Elle fut contrainte d'emprunter une chemise d'une chambrière au prochain lieu jusqu'à ce qu'elle vint au commencement d'Auvergne à Usson, qui est une ville située en une plaine où il y a un roc

et trois villes l'une sur l'autre en forme d'un
bonnet du pape tout à l'entour de la roche, et au
haut il y a le chasteau avec une petite vilete à
l'entour. Depuis qu'elle y arriva elle n'en n'est
point sortie. Elle peut cracher sur ceux des deux
villes dessous ; elle est libre, fait ce qu'elle veut,
ne mangeant rien que toutes ses demoiselles n'en
gouttent tant elle a peur d'estre empoisonnée. »

Brantôme dit sur cette fuite d'Agen : « La Reine
de Navarre se retira à Agen qui luy avoit esté
donné en appanage par les Roys ses frères... Elle
y fut très mal servie par Mme de Duras qui la
gouvernoit fort et qui sous son nom faisoit des
grandes exactions et concussions... Ainsi qu'elle
se sauvoit fut prisonnière entre les mains du
marquis de Canillac, gouverneur d'Auvergne, et
menée dans le chasteau d'Usson, bien forte place,
voire imprenable, que le bon et fin Renard, le
Roy Louis XI, avoit rendu en partie telle pour y
loger ses prisonniers, les tenant là plus en seureté
cent fois qu'à Loches, bois de Vincennes et Lusi-
gnan (*Vie des Dames illustres. Marguerite de
France*).

« Voilà donc, continue Brantôme, cette pauvre
Princesse prisonnière !... Mais celuy qui la tenoit

prisonnière en devint prisonnier dans peu de temps, encore qu'il fust brave et vaillant. Pauvre homme, que pouvoit-il faire?... Le voilà donc ce marquis ravy et pris de cette beauté... elle joue son jeu si accortement, qu'elle se rend la plus forte et en chasse le marquis bien esbahy d'une telle surprise et ruse militaire. »

— Deux hommes ses contemporains et qui la connaissaient bien, ont parlé de Marguerite dans leurs écrits d'une façon bien différente, l'un en bien, l'autre en mal, et tous deux avec bonne foi et sans contradictions, c'est Brantôme et d'Aubigné. Pour Bourdeille, cette princesse, fille de roi, sœur de trois rois, femme d'un cinquième roi de France, est une espèce de divinité; cet excellent abbé de Brantôme en a été amoureux comme de cinquante autres femmes de la cour des Valois; il ne cache pas l'émotion que lui causaient cette gorge si belle et ce sein si beau, qu'elle se plaisait à montrer, comme il le dit lui-même en vantant son goût pour la toilette. « Cette belle Reyne en quelque façon qu'elle s'habillast, fust à la françoise avec son chaperon, fust en simple escoffion, fust avec son grand voile, fust avec un bonnet, on ne pouvoit dire que luy seoit le mieux... Je l'ay veue quelquefois vestue d'une robe de satin blanc avec force clinquants et un peu d'incarnadin meslé avec un voile de crespe jetté sur sa teste comme négligemment et quoy qu'on dist des Déesses du temps passé et des Empérieres comme nous les voyons par leurs médailles pompeusement accoustrées, ne paroissoient que chambrières au prix d'elle... A quoy M. de Ronsard eut grande raison de composer une riche élégie en son honneur. »

Mais Brantôme ne se contente pas de vanter les beautés de son corps, il ne célèbre pas moins celles de son âme. « Elle se plaist fort aux lettres et à la lecture et l'on peut dire que c'est la princesse voire la dame qui soit au monde la plus éloquente et la mieux disante; de plus si elle sçait bien parler elle sçait autant bien escrire, les belles lettres que l'on peut voir d'elle le manifestent assez, car ce sont les plus belles, les mieux couchées soit pour estre graves que pour estre familières. Elle fait souvent des vers et stances très belles qu'elle fait chanter et mesme qu'elle chante, car elle a la voix belle et agréable, l'entremeslant avec le luth qu'elle touche bien gentiment. »

Et Brantôme est tellement convaincu des qualités supérieures de sa princesse qu'il fait une sortie violente contre la loi salique qui ne lui a pas permis de monter sur le trône[1], où elle aurait brillé peut-être comme la grande Catherine de Russie, car ces qualités que vante Brantôme avec trop d'enthousiasme, elle les avait, d'Aubigné ne le contredit pas sur ce point et Brantôme n'a jamais dit un mot de la chasteté de sa princesse.

Tout ce que dit Brantôme avec une exagération gasconne est vrai au fond, de même tout ce que dit d'Aubigné, qui a fait à la reyne Marguerite une si mauvaise réputation, est vrai également au fond, quoique d'Aubigné ait contre la reine un parti pris de dénigrement en sa qualité de fidèle serviteur d'Henri IV, dont il est forcé souvent de reconnaître les torts.

D'Aubigné accuse la reine d'avoir fomenté beaucoup d'intrigues, mais il ne nie pas que ce soit dans l'intérêt de son mari.

Quant à la fidélité conjugale, elle était à peu près égale d'un côté et de l'autre : « Ce prince, dit Aubigné du Roi, eut bientôt appris à caresser les

---

1. « Je voudrois bien savoir, dit-il, si ce royaume s'est mieux trouvé d'une infinité de Roys fats, sots, tyrans, fainéants, idiots qui ont esté en France?

serviteurs de sa femme, elle, à caresser les maî-
tresses du Roi son mari. »

« Cette femme artificieuse, dit ailleurs d'Aubigné, se servit de l'amour de son mari envers
Foceuse, jeune fille de quatorze ans et du nom de
Montmorenci pour semer en l'esprit de ce prince
les résolutions qu'elle y désiroit.

« Ces choses ne peuvent être sues que par ceux
qui ont fait leur chevet au pied des Rois », ajoute-
t-il avec un peu d'amertume, en rappelant qu'au
milieu des dangers de la guerre, en pleine cam-
pagne, il couchait au pied du lit du Roi comme
un chien fidèle et exposa plusieurs fois sa vie
pour lui.

D'Aubigné protesta lui-même en fait contre les
attaques injustes dont la reine de Navarre avait
été l'objet et en 1583 il accepta lui-même, au péril
de sa vie la mission dangereuse d'aller demander
raison à Henri III, au nom de son maître, de
l'affront qui avait été fait à la reine de Navarre.

On peut enfin citer à l'éloge de Marguerite de
France, comme l'appelle Brantôme, la résignation
avec laquelle elle se soumit aux volontés du Roi
son mari en acceptant sans reproche ni récrimi-
nation l'annulation de son mariage et sa déchéance

du rang de reine. Elle a exprimé très noble-
ment ses sentiments à l'égard du roi dans une
lettre publiée par l'Estoile :

« Aiant toujours creu, dit-elle, que ce m'estoit
une espèce d'honneur de m'accomoder à vos
desseins, bien qu'ils feussent contraires à mon
contentement.

« Si je ne considerois, dit-elle encore, que ce
sont vos volontés et que vous croies que mon
dommage réussit au bien du publiq. Et chan-
geant mes plaintes à louanges, je glorifierai
Dieu comme votre Roy et vous louerai comme
le mien. »

Et elle signe : « Votre très humble, très fidele et
tres affectionnée seur, servante et subjecte » (*Jour-
nal du règne de Henri IV* 1599, 22 décembre,
p. 111. Halphen). M. Guessard place cette lettre à
la date du 27 avril 1600. L'Estoile dit : « Cette
pauvre Roine qu'on commença d'appeler la Roine
Marguerite, écrivit une lettre au Roy qui lui tira
les larmes des yeux. »

— Pendant que la reine Marguerite était retenue
prisonnière dans le château d'Usson, débutait
dans la vie à peu de distance de là, près des bords
de l'Allier dans la seigneurie de Balsac, la jeune

Henriette de Balsac d'Entraigues[1], qui devait plus tard succéder à la duchesse de Beaufort dans les faveurs d'Henri IV, et se faire signer une promesse de mariage par le roy. Elle essaya de disputer à Marie de Médicis[2] l'honneur de remplacer sur le trône la reine Marguerite et tenta ensuite, avec l'aide de l'Espagne, de placer sur la tête de son fils la couronne de France; elle fut aidée dans ses desseins perfides par son frère utérin le comte d'Auvergne, fils de Charles IX et de Marie Touchet qui fut condamné à mort comme le maréchal de Biron mais qui obtint sa grâce de la générosité du roi.

1. A qui le roi donna le titre de marquise de Verneuil.

2. « Sur la fin du mois de juin 1600 le Roy partit à Lyon pour l'accomplissement de son mariage avec la sérénissime Marie de Médicis, niaice de dom Ferdinand de Médicis, grand-duc de Toscane. Mlle d'Entraigues quand elle en parloit au Roy, ne l'appeloit que sa banquière, trop effrontément à la vérité et trop impudemment; de quoi Sa Majesté n'estoit contente, et qui par deux et trois fois l'avoit reprise de son impudence qu'il chastia enfin d'une rencontre fort à propos. Car lui aiant demandé un jour quand viendroit sa banquiere : « Aussi tost, lui respondit le Roy, que j'auroi chassé de ma cour toutes les P... », raconte L'Estoile (*loco citato*, p. 154).

Parmi les familles illustres originaires
d'Issoire dont Audigier donne la généalogie, il
faut placer au premier rang celle du chancelier
du Prat, et à cette occasion Audigier parle d'un
fait assez curieux qui concerne un des descen-
dants du chancelier et la beauté la plus célèbre
de la cour de Catherine de Médicis. Voici en
quels termes l'Estoile raconte cet événement bi-
zarre sur lequel Audigier donne de curieux
détails, à propos d'Antoine du Prat IVe du nom
Sr de Nantouillet et de Precy, baron de Thoury
et prevost de Paris, dont le petit-fils reçut le
titre de marquis de Nantouillet :

1573. — Extrait d'une lettre interceptée en
septembre écrite de Paris par un courtisan. « J'ay
vu nos trois roys, celuy de France, celuy de
Pologne et celuy de Navarre ; ils mandèrent à
Nantouillet, prevost de Paris, qu'ils vouloient
aller prendre la colation chez lui comme de fait
ils y furent, quelques excuses que sceut alléguer
Nantouillet pour ses deffenses. Après la colation
la vaisselle d'argent de Nantouillet et ses coffres

furent fouillés, et disait-on dans Paris qu'on luy
avoit vollé plus de cinquante mil livres et qu'il ut
mieux fait le bonhomme de prendre a femme la
Chasteauneuf, fille de joye du roy de Pologne,
que de l'avoir refusée ; qu'il ut mieux fait aussi
vendre sa terre au duc de Guise que de se laisser
ainsy piller à de si puissans voleurs. Le lende-
demain le 1er président fut trouver le Roy et
lui dire que tout Paris étoit ému pour le vol
de la nuit passée et que quelques uns vouloient
dire qu'il l'avoit fait pour rire et que Sa Majesté
y estoit en personne. A quoy le Roy ayant
répondu en jurant par S. D. qu'il n'en n'estoit
rien et que ceux qui le disoient avoient menty ;
dont le President très content luy repondit : J'en
feroy informer Sire et en feroy justice. — Non,
non, répondit le Roy, ne vous en mettez pas en
peine ; dites seulement à Nantouillet qu'il aura trop
forte partie s'il veut en demander la raison. »

Audigier donne sur ce fait des détails curieux
qu'il devait tenir de quelque membre de la
famille du Prat dont la branche aînée n'avait
jamais quitté Issoire :

« Le Roy Henry III, après son élection au
royaume de Pologne, entreprit de marier le

Sr Antoine du Prat avec une demoiselle de qualité
dont il estoit aimé et qui ne pouvoit se consoler
de son départ que par la possession dud. S^r de
Nantouillet, dont les belles qualités et peut-estre
mesme les richesses avoient touché son cœur.
Ce mariage luy ayant esté proposé par le nouveau Roy, il en reçut ceste généreuse réponse,
que il n'estoit pas homme à donner son honneur
pour conserver l'honneur d'autruy.

Le Roy parut au désespoir de ne pouvoir pas
donner cette satisfaction à sa maîtresse. Charles IX
son frère voulant adoucir le chagrin du nouveau
roy résolut avec Henry Roy de Navarre son
beau frère et Henry de Lorraine duc de Guise
d'obliger ce seigneur à satisfaire son frère en
épousant sa maîtresse. Ces trois roys avec Henry
duc de Guise se jettèrent de nuit dans la maison
du seigneur du Prat. Il ne s'y rencontra pas. Ces
princes outrés d'avoir manqué leur coup firent
bien du désordre dans sa chambre. Son frère
Guillaume, baron de Viteaux qui n'estant pas
encore lavé de la mort du Sr de Gonnelieu avoit
cherché un asile dans la maison du Sr de Nantouillet, entendant du bruit, il crut qu'on en
vouloit à luy, et comme il estoit toujours accom-

pagné de quatre hommes aussi déterminés que luy, ils sautèrent sur leurs armes résolus de tuer tout ce qui se présenteroit à la porte. La fortune de ces quatre personnes si chères à l'estat ne les fit pas tourner de ce costé là, ce qui leur sauva la vie. Cette action se passa en 1573. »

Elle est vraiment piquante l'aventure de ces trois jeunes rois qui s'unissent au roi de la ligue pour former une agence matrimoniale au bénéfice de la belle Chasteauneuf[1] et qui ne pouvant battre le prétendu récalcitrant se vengent en lui volant sa vaisselle d'argent.

Henri III tenait décidément beaucoup à marier cette belle Chasteauneuf, car à son retour de Pologne il fit une nouvelle tentative du même genre auprès du comte de Brienne.

« Le dimanche 13 février, dit l'Estoile[2], eut lieu le sacre et le lendemain 14 le Roy fiança Mlle de Lorraine auparavant appellée de Vaudemont et le mardi 15 l'épousa en l'église de Reims.

« Le jeudy 17 février, le Roy ayant avisé François de Luxembourg de la maison de Brienne venu à son sacre et mariage et sachant qu'il avoit

1. Renée de Rieux de Chasteauneuf.
2. L'Estoile, t. I, p. 113.

prétendu epouser la Reyne sa femme, luy dit :
« Mon cousin j'ai épousé vostre maîtresse, mais
« je veux en contreechange que vous epousiez la
« mienne, » entendant la Chasteauneuf qui avait
esté sa favorite avant qu'il fut roy et marié.
Luxembourg demande patience de huit jours,
sur quoi il monta à cheval et se retira de la cour
en diligence[1]. »

Cette belle Chasteauneuf, qui tenait le sceptre
de la beauté dans cette brillante cour de Catherine de Médicis, devait cependant finir par trouver un mari, même deux, mais les deux ma-
riages eurent une fin tragique ; elle poignarda
elle-même son premier mari, l'ayant surpris en
flagrant délit d'infidélité ; quant au second, le
baron de Castellane, il fut poignardé par le grand

1. Le maréchal de Tavannes raconte dans ses *Mémoires*
qu'il avait proposé à Henri III, alors duc d'Anjou, de marier
la belle Châteauneuf à l'ambassadeur d'Angleterre. Les Hu-
guenots, pour éloigner de France leur ennemi le duc d'Anjou,
avaient imaginé de le marier à la reine Marie d'Angleterre.
« La vieillesse, la laideur, et les articles de la Reine gla-
cèrent Mgr d'Anjou qui refuse. Tavannes consulté tourne la
chose en gausserie. L'ambassadeur d'Angleterre (dit-il) couchoit
avec la Reine sa maitresse, Tavannes dit à Monsieur : « Le
Millort Robert vous veut faire espouser son amie, faites lui
espouser Chateauneuf qui est la vostre, vous lui rendrez le
pennache qu'il vous veut donner. »

prieur, le comte d'Angoulême, qu'il blessa lui-
même mortellement.

Voici en quels termes l'Estoile raconte ces
deux aventures (p. 157 t. I, *Mémoires*).

1577. — La demoiselle de Chasteauneuf, l'une
des mignonnes du Roy avant qu'il allast en
Pologne, s'étant mariée par amourettes avec
Antinotti, Florentin, comite des galères à Marseille, et l'ayant trouvé paillardant, le tua viri-
lement de sa propre main.

Puis page 312, année 1586 :

Au commencement de juin, à Aix en Provence,
le bâtard d'Angoulême, grand Prieur de France,
averti que Philippe Altoviti, Italien, baron de
Castellanes, capitaine de galères, mary de la belle
Chasteauneuf, auoit écrit de Marseille en cour
contre luy... tira son épée et en perça Altoviti,
qui mourut sur place, mais auant mourir il
donna un coup de dague dans le ventre du dit
seigneur qui en mourut sept ou huit heures après.

Cette famille de Chasteauneuf était d'une vio-
lence terrible. L'Estoile raconte encore, année
1579 (Petitot, p. 185) :

« Le mardy dernier jour de mars, Chateauneuf,
âgé de vingt-cinq ans, tua le seigneur de Chesnay,

son oncle et son tuteur, à raison d'un procès
pour sa tutelle. »

C'était Michel de Rieux, frère de Renée de
Rieux, la belle Chasteauneuf.

La belle Chasteauneuf avait une telle réputation
de beauté que quand on voulait faire l'éloge d'une
dame on disait, suivant l'expression de Brantôme : « elle ressemble à la Belle Chateauneuf[1] ».
Elle n'avait pas seulement des traits charmants,
une belle taille, de beaux yeux, mais elle avait
aussi une grande distinction de manières et
beaucoup d'esprit, nous pouvons sur ce point
nous en rapporter au témoignage du duc de
Bouillon qui l'avait courtisée avant Henri III,
qui était son cavalier servant attitré suivant un
usage admis à la cour depuis le temps de la
reine Anne et qui n'avait avec elle, paraît-il, que
des relations éthérées et platoniques, suivant
l'expression aujourd'hui consacrée. « Comme le
braue cheualier Jacques de Lalaing, il alloit assez
souvent soy esbattre et deviser auec elle et si a

1. Brantôme, dans la Vie de la reine Anne de Bretagne, dit :
« Elle estoit belle et agréable, ainsy que j'ay ouy dire aux
anciens qui l'ont veue, et selon son portrait que j'ay veu au
vif et ressembloit au visage de la belle damoiselle de Chasteauneuf, qui a esté à la Cour tant renommée en beauté. »

point s'y gouverna en tout honneur qu'oncques il ne fist chose dont il dust estre repris deuant Dieu ni devant le monde. » Cela était conforme aux lois de la chevalerie et la Reine Anne avait appelé auprès d'elle plusieurs jeunes filles de haute naissance pour adoucir les mœurs des hommes bardés de fer, les dompter par la grâce et les charmer par la poésie.

Le duc de Bouillon était très jeune à cette époque, il venait de débuter à la cour, c'était en 1568, il avait 14 ou 15 ans. Voici ce qu'il dit dans ses mémoires:

« L'on auoit de ce temps là une coustume qu'il estait messeant aux jeunes gens de bonne maison s'ils n'avoient une maistresse. Peu après je fus à la cour, monsieur le mareschal d'Amville qui est a present connestable me donna mademoiselle de Chasteauneuf pour maistresse, laquelle je servois fort soigneusement autant que ma liberté et mon âge me le pouvoient permettre. J'estois soigneux de luy complaire et de la faire servir autant que mon gouverneur me le permettoit de mes pages et laquais. Elle se rendit très soigneuse de moy, me reprenant de tout ce qui luy sembloit que je faisois de mal séant, d'indiscret ou d'incivil et cela auec une gravité naturelle qui estoit née auec elle, que nulle autre personne ne m'a tant aidé à m' introduire dans le monde et à me faire prendre l'air de la cour que ceste demoiselle, l'ayant servie jusques à la Saint Barthélemy et toujours fort honorée. Je ne scaurais désapprouver ceste coustume d'autant qu'il ne s'y voyoit, oyait, n'y faisoit que choses honnestes. Cette coustume avoit telle force que ceux qui ne la suivoient estoient regardés comme mal appris et n'ayans l'esprit capable d'honneste conversation [1]. »

La belle Chasteauneuf était une charmeuse, et l'on a vu qu'elle n'avait pas moins d'empire sur les trois jeunes rois que sur le duc de Bouillon.

[1]. Collection des mémoires relatifs à l'histoire de France, t. XLVII, année 1568, p. 434 et suivantes.

Paris. — Typ. Chamerot et Renouard, 19. rue des Saints-Pères. — 3962.